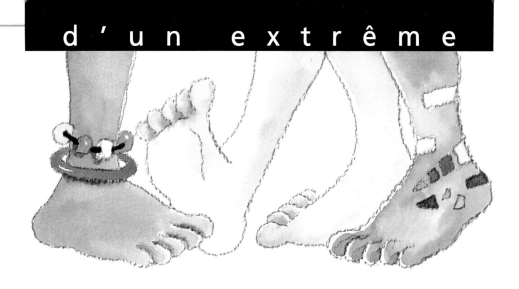

Enfants du monde

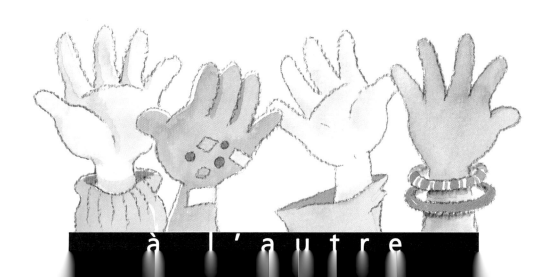

Voyager dans l'espace

As-tu remarqué comme la terre est grande ? Si tu pouvais la voir d'un vaisseau spatial, elle ressemblerait à une énorme boule flottant dans l'espace. Et c'est là que nous vivons : sur une planète où vivent tant d' animaux, de plantes... de filles et de garçons comme nous. Mais de là haut, nous sommes si petits que l'on ne peut pas nous voir !

2

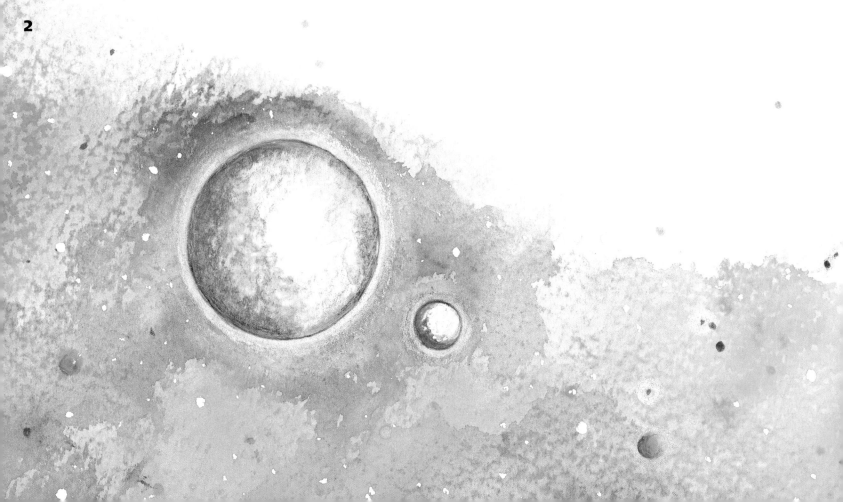

Aimerais-tu voyager autour du monde
pour voir comment vivent partout les filles
et les garçons ? Imaginer la vie dans le
désert, dans la jungle, sur une île, dans une
grande ville ? Il y a tant d'endroits
différents !

3

Que de gens !

4

La forme de ton nez est différente, tes yeux sont différents, la couleur de tes cheveux, ta peau, ta taille sont différentes. Peux-tu penser à d'autres points de différence ?

# Une planète changeante

La terre est si grande ! Tant d'endroits diffèrent les uns des autres : les hautes montagnes, les jungles, les déserts, les fleuves et les immenses océans coexistent. Les gens y ont appris à vivre, en recherchant les meilleures conditions de vie possibles.

6

Chacun a ses propres habitudes comme sa façon de s'habiller ou de parler. C'est une planète changeante. A l'endroit où tu vis, que préfères-tu ?

Une fête

Kai Li vit dans une ville de Chine. Ce qu'elle préfère, c'est la fête de la nouvelle année chinoise, avec le grand dragon qui danse et se tord le long des rues. Kai Li aide à décorer sa maison et à cuisiner les plats spéciaux pour les gens qui rendront visite à sa famille. Ces deux semaines de fête sont un grand moment de plaisir !

8

Tant d'amusements lui ouvrent
l'appétit et elle aime manger du
poisson avec le mantou et quelques
délicieux rouleaux de printemps.

9

Ecole à distance

Pall est un Inuit du nord de l'Alaska. Il y fait extrêmement froid et l'école est très loin de sa maison, aussi a-t-il une école particulière : pendant les mois les plus froids, il étudie à la maison à l'aide d'un ordinateur et il trouve les livres par Internet.

10

Quand le temps est plus clément, il aime emprunter
la motoneige de son frère, c'est très excitant !

11

Ichiro touche le ciel

Es-tu déjà allé dans une grande ville ? Les bâtiments sont si hauts que certaines rues ne voient jamais le soleil. Ichiro vit dans une de ces grandes villes, à Tokyo exactement, au Japon. Ce qui le gêne le plus, c'est tout le bruit que font les voitures, si nombreuses dans la grande ville !

Son école est tout à côté de chez lui, ainsi il peut y aller à pied. Ce qu'il préfère, c'est apprendre à lire et écrire, même lorsque c'est très difficile pour lui !

13

Draco

Draco vit en Yougoslavie, là où la guerre faisait rage. Un jour, quand il allait au marché avec sa maman, une bombe est tombée et a explosé tout près d'eux : maintenant il n'a plus qu'une jambe. Mais en ce moment il est heureux parce que la guerre est finie et qu'aucun autre membre de sa famille n'a été blessé.

14

Il est désolé à l'idée que d'autres enfants puissent vivre dans des pays encore en guerre. Son plus grand souhait est que les guerres disparaissent pour toujours.

15

Vie dans le désert

Kadi vit dans le désert de Namibie, en Afrique, dans une hutte faite avec de la bouse du troupeau.

Un désert est un endroit où il pleut très peu, c'est pourquoi Kadi et sa famille sont des nomades : ils vivent dans différents lieux selon les saisons, recherchant toujours de l'herbe pour leurs chèvres et leurs moutons. Il fait si chaud dans le désert que la petite fille ne porte aucun vêtement, mais elle aime se parer de bracelets pour être jolie.

Une branche musicale

Tarita est une aborigène australienne. Elle habite Sydney avec ses parents et ses grands-parents. La musique qu'elle préfère, c'est celle de son papa jouant du didgeridoo, un long instrument à vent. Et quand il joue, elle aime danser autour de lui.

Son grandpa, quand il était petit, vivait dans le désert australien où il chassait avec un boomerang. C'est une arme de lancer qui revient au lanceur s'il ne trouve aucun obstacle sur son chemin. Tarita veut aussi apprendre comment lancer le boomerang !

Newal

Newal vit dans une petite ville en Egypte. Elle se lève très tôt le matin parce qu'elle doit cueillir le jasmin fleuri avec ses deux frères. L'argent qu'ils obtiennent en vendant les fleurs aide toute la famille.

20

A leur retour des champs, ils doivent aller à l'école. Newal voudrait devenir docteur plus tard pour aider à guérir ses semblables.

21

Une ville au bord de l'eau

Le papa de Gina travaille dans un musée, c'est un lieu rempli de tableaux. La famille vit dans une très belle ville, faite de vieux et beaux bâtiments. Chose curieuse : les rues de la ville sont des canaux remplis d'eau !

Pour aller d'un endroit à un autre, les gens doivent utiliser des bateaux. Il y a bien quelques rues et places, mais elles sont souvent inondées et les gens doivent porter des bottes en caoutchouc pour circuler.
Gina aime sa ville !

Que d'arbres !

Kinu, comme toute sa tribu, vit dans la jungle amazonienne. Ses aînés lui enseignent comment utiliser différentes plantes de son environnement et distinguer les animaux bons à manger de ceux qui sont dangereux, tels certains serpents et grenouilles.

Les plantes et les arbres
sont si grands que,
quand il pleut, il entend
bien le bruit des
gouttes tombant sur les
feuilles, mais il n'est pas
mouillé parce que la
végétation sert de
parapluie géant.

25

La vie dans le monde

Es-tu déjà allé dans un cirque ? Alors peut-être connais-tu le cirque de Pol. Ses parents sont des équilibristes et il a déjà commencé à s'entraîner. Il aime vivre dans un cirque, il visite toujours de nouvelles villes. Pour lui, le monde entier est son jardin.

26

Dix enfants vivent dans le cirque : ils ont
entre trois mois et onze ans. Ils partagent
tous la même institutrice, elle s'appelle
Esther. Aller à l'école dans le cirque, c'est très
amusant, mais c'est aussi beaucoup de travail !

Tous différents, tous égaux

Le monde est habité de gens tous différents : les adultes sont parfois très âgés, comme nos grands-parents, d'autres le sont moins, comme notre maman et notre papa, et naturellement il y a des enfants comme nous. Les enfants du monde entier aiment la même chose : être avec leur famille et leurs amis.

○ ALASKA

○ BRÉZIL

○ EGYPTE

○ YOUGOSLAVIE

Nous ne sommes pas si différents après tout ! Aimerais-tu en savoir plus au sujet des personnes partout dans le monde ? De la manière dont ils parlent, écrivent ou dansent ? Alors tu as le monde entier à découvrir !

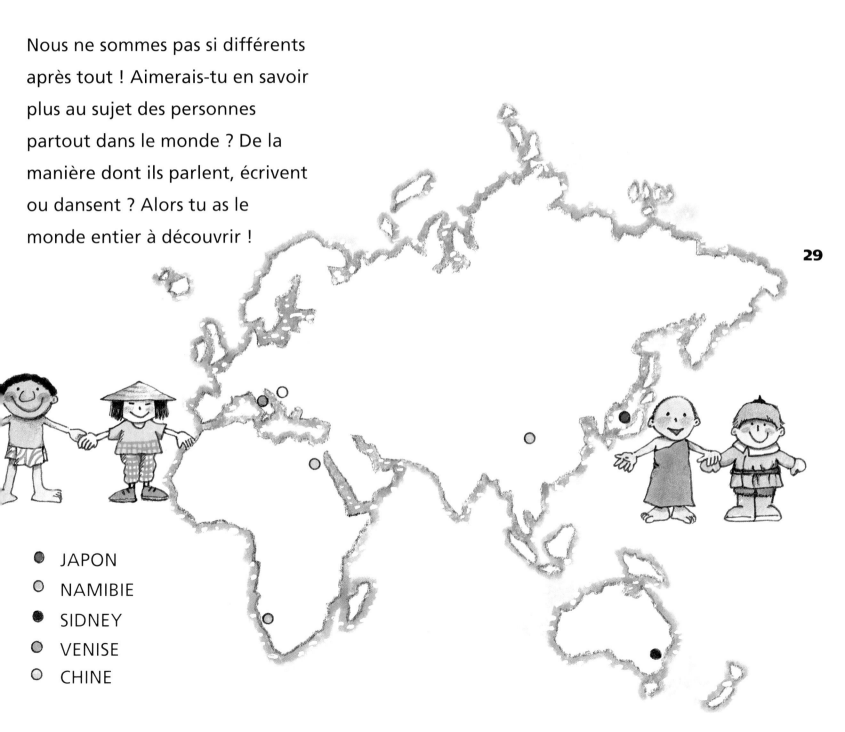

● JAPON

◎ NAMIBIE

● SIDNEY

◉ VENISE

○ CHINE

Activités

0 1 2 3 4

5 6 7 8 9

Nombres

Sais-tu que tu peux dire des choses avec un sifflet ? Tu dois seulement te mettre d'accord avec une autre personne.
Par exemple, un son long signifiera " viens ici ", deux sons longs " j'ai faim " etc…
Si tu veux que plusieurs personnes comprennent ton message, tu dois employer un système connu sous le nom de " code Morse " : autrefois, il était utilisé sur les bateaux partout dans le monde.
Voici une liste de nombres dans le code Morse: un tiret signifie un son long et un point un son court. Mets-la en pratique avec tes parents et bientôt tu pourras dire les nombres avec un sifflet.
Allez, essaye !

Une langue internationale

De nombreuses langues différentes sont parlées dans le monde : il en existe tellement qu'il est impossible de les apprendre toutes. Mais tu peux te faire comprendre même si la seule langue que tu connaisses est la tienne. Tu peux essayer avec tes parents ou tes amis. Imagine que tu veuilles leur demander de te donner quelque chose à manger. Comment s'exprimer sans dire un mot ? Et comment expliqueras-tu que tu veux aller dormir ? Encore plus difficile : comment ferais-tu pour faire comprendre à d'autres que tu es perdu et que tu ne sais pas où sont tes parents ? Maintenant essaye tout seul, imagine et met en pratique des techniques pour te faire comprendre. Rappelle-toi que tu ne peux pas parler !

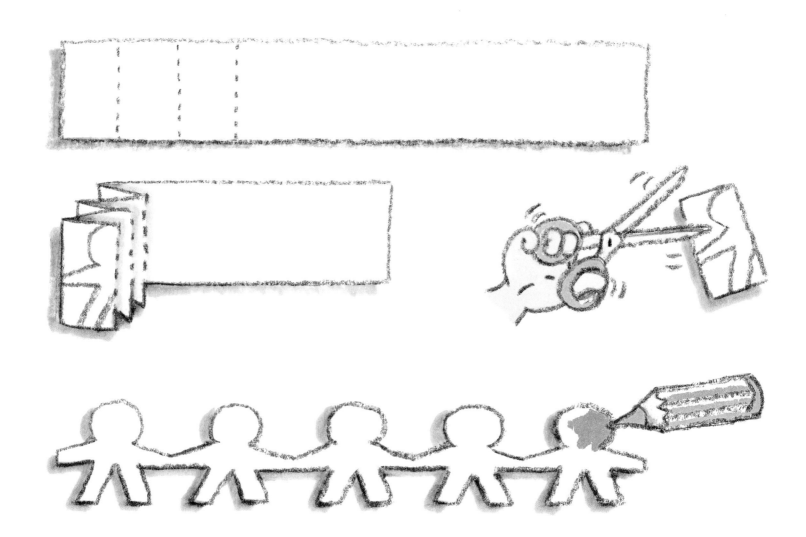

Figurines en papier

Prends une bande de papier de couleur de 50 centimètres de longueur et de 12 centimètres de largeur approximativement. Trace une ligne pointillée tous les 5 centimètres et plie la bande de papier en accordéon, d'abord sur un côté puis sur l'autre, selon chaque ligne pointillée.

Dessine une demie silhouette, comme sur l'illustration et fais attention : le bras et la jambe doivent atteindre le bord du papier. Tiens le papier plié serré et découpe la figurine très soigneusement. Déplie ensuite l'ensemble : qu'obtiens-tu ? Colorie les yeux, le nez et la bouche de chaque enfant formant la chaîne.

Un jeu du monde

Tout le monde ou presque aime jouer à la balle. Toi aussi ?
Alors essaie de jouer à ce jeu du Portugal. Tu as seulement besoin
d'une balle molle et de quelques amis ou parents. Tous les joueurs
se tiennent en cercle et s'adressent la balle tout en comptant 1, 2,
3, 4 et 5. Le cinquième joueur qui reçoit la balle la jette en essayant
de toucher l'un des autres joueurs qui courent pour éviter d'être
touchés. Si la balle atteint l'un d'entre eux, il est hors jeu ; sinon, le
joueur qui a jeté la balle sans succès sort du jeu. Le gagnant est le
dernier joueur restant. Bonne chance !

Directives pour les parents

Voyager dans l'espace

Nous pouvons employer l'expérience suivante pour expliquer comment la terre tourne sur son axe tout en se déplaçant autour du soleil, et ce d'une manière très facile : l'enfant est le soleil et un des parents se déplace autour de lui, tout en tournant sur lui-même.

Vous pouvez vous étourdir mais l'enfant comprendra sûrement la démonstration !

Avec des enfants plus jeunes, elle peut être faite comme un jeu : un enfant s'appelle la terre et un autre s'appelle le soleil.

Ne les incitez pas à comprendre :
quand ils grandiront, ils commenceront à poser des

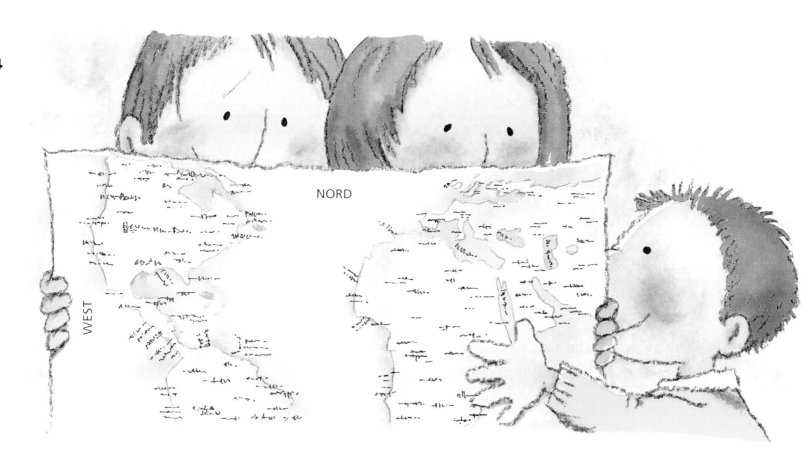

NORD

WEST

questions et alors vous pourrez leur donner des explications plus sérieuses et plus détaillées.

Une fête

Ce paragraphe mentionne les mantous, qui sont des rouleaux orientaux faits de farine, de sucre et de levure. C'est une bonne occasion pour expliquer aux enfants les différentes traditions culinaires.

Certaines nourritures, tout à fait naturelles pour un pays, paraissent très étonnantes dans d'autres régions du monde : par exemple les escargots, les serpents, les requins, la viande chevaline, les vers, les fourmis. Il est important de préciser qu'il n'y a aucune nourriture meilleure qu'une autre et d'expliquer qu'elle dépend de ce que les gens peuvent trouver à manger dans leur pays comme des habitudes qu'ils ont prises depuis l'enfance.

Une branche musicale

Le didgeridoo est un instrument de musique utilisé par les aborigènes d' Australie du nord. Il est fait d'une branche d'eucalyptus que les termites ont creusée et vidée. Il peut être considéré comme une trompe dont vous jouez en soufflant. Une légende explique la naissance du premier son produit avec un didgeridoo.

Un homme qui ramassait du bois sec pour allumer un feu, trouva une branche creuse remplie de termites. Pour évacuer celles-ci de la branche et éviter de les brûler, il a soufflé et ce fût le premier son du didgeridoo.

Newal

Dans de nombreuses régions du monde, même dans des pays dits développés, beaucoup de garçons et de filles sont obligés de travailler pour aider leur famille.

Dans certains cas, c'est même de l'exploitation enfantine pure : les enfants travaillent dans des conditions proches de celles de l'esclavage. Il est important de combattre cette situation en refusant d'acheter les produits issus d'un tel travail. On trouve maintenant une étiquette, reconnue par de nombreux pays, qui certifie que le travail a été réalisé dans des conditions normales. Elle garantit qu'aucune personne, enfant ou adulte, n'a été exploitée à tout moment du processus de fabrication.

Vie dans le désert

Chauds ou froids, les déserts sont caractérisés par l'absence de pluie.

Sans eau, très peu de plantes et de végétation peuvent pousser. C'est pourquoi les gens qui vivent dans le désert sont habituellement des nomades.

Quand il n'y a plus assez de nourriture pour les animaux, le groupe entier se déplace vers un autre endroit. Si vos enfants aiment regarder la carte du monde, c'est une bonne occasion de parler des autres déserts et de leur population, tels que les Touaregs au Sahara, des Bushmen dans le Kalahari ou des aborigènes en Australie.

Tous ces peuples nomades ont la faculté de trouver dans le paysage désertique des repères qu'ils transmettent de génération en génération.

Que d'arbres !

Nous pouvons expliquer aux enfants qu'il existe dans le monde des endroits où il pleut énormément : il y fait très chaud et la végétation y est très dense. Situées le long de l'équateur, ces régions constituent la jungle. Une grande variété de plantes et d'animaux y vivent, dont certains sont encore mal connus.

Nombreux sont les médicaments qui, de nos jours, utilisent dans leur composition des substances issues des plantes équatoriales et on pense que le traitement de maladies encore incurables sera probablement trouvé là.

Tous différent, tous égaux

Selon l'âge des enfants et leurs centres d'intérêt, nous pouvons ajouter qu'il existe tant d'autres différences entre les hommes, notamment celles qui concernent la religion, la musique, les coutumes vestimentaires… et qu'elles dépendent simplement de l'environnement et des coutumes de chacun.

En définitive, tous les enfants désirent la même chose : vivre leur enfance dans leur famille et la plénitude.

35

Enfants du monde

Titre original:
NENS I NENES DEL MÓN, D'UNA BANDA A L'ALTRA

© GEMSER PUBLICATIONS, S.L. 2001
C./ Castell, 38 - Teià 08329 Barcelona, Spain
Tous droits de reproduction de traduction et d'adaptation réservés pour tous pays

© 2002 Ulisse Éditions - Édition Française
15, rue Mansart
75009 Paris

Auteur: Núria Roca
Ilustrations: Rosa Mª Curto
Maquette: © Gemser Publications, S.L.
Photocomposition: Ulisse Éditions
Directrice éditoriale: Josiane Boulanger
Traduction: Géraldine Boulanger

Dépôt légal : 2e semestre 2001

Imprimé en Espagne

ISBN : 2-844-15-049-7 (diffusion France)
ISBN : 2-921-40-329-3 (diffusion Québec)

Les autres titres de la série :

• *LE CORPS, de la tête aux pieds*

• *LA FAMILLE, du plus jeune au plus âgé*

• *SENTIMENTS, de la tristesse à la joie*

• *L'AMITIÉ, de tes amis d'hier à tes amis d'aujourd'hui*

• *LA PEUR, de la crainte au courage*